NOUVELLE BIBLIOTHÈQUE JUNIOR

Cathy Ytak

əpuoɯ əl
à l'envers

Cornelsen

Chapitre 1

Jamais. Jamais je n'arriverai à dire tout ce qui s'est passé. D'abord parce que, au début, je n'ai pas compris.

Je me trouvais dans la cuisine, en train de manger des tartines de confiture devant un bol de chocolat. Mon réveil avait sonné à six heures et demie, comme tous les matins. Mon père était rentré tard dans la nuit, il dormait encore.

Tout était calme dans la maison, lorsque quelqu'un a sonné à la porte. J'ai pensé que c'était Martha, notre voisine. Martha oublie souvent ses clés, et elle travaille la nuit. Alors, le matin, quand elle rentre, elle vient parfois sonner chez nous : on garde un double de son trousseau.

Après le coup de sonnette, on s'est mis à cogner à la porte. J'ai pensé : « Elle est folle, Martha ! Elle va réveiller tout l'immeuble. » Mais là, ce n'était pas la voisine. J'allais dire : « Qui c'est ? », quand j'ai entendu une voix grave :

— Police, ouvrez !

Alors j'ai ouvert. Trois policiers se sont précipités dans l'entrée en me bousculant. J'ai failli tomber. Sur le moment, j'ai pensé qu'il s'agissait d'une erreur. Le plus grand des trois flics m'a demandé :

— Il est là, André Caraibe ?

J'ai dit oui. Mon cœur battait à cent à l'heure. C'était bien notre nom de famille.

— C'est ton père ?

J'ai répondu oui, une seconde fois.

En me voyant, un des hommes s'est tourné vers ses collègues :

— Je croyais qu'il vivait chez sa mère, ce gosse !

Ça m'a énervé qu'il me traite de gosse, mais je n'ai rien dit. Je me sentais mal : pourquoi des policiers étaient-ils au courant que ma mère était partie vivre à l'autre bout de la France, et que j'avais préféré rester avec mon père ?

— Qu'est-ce qu'on va en faire ? a demandé un policier, en me regardant.

— On l'embarque, lui a répondu l'autre.

Puis il s'est aperçu que j'avais entendu, et il a ajouté à mon attention :

— On va s'occuper de toi, ne t'inquiète pas.

Et justement, ça m'a inquiété. Ça voulait dire quoi : « On va s'occuper de toi ? » Et qu'est-ce qu'ils lui voulaient, à mon père, à sept heures du matin ?

Surtout qu'ils avaient dégainé leurs pistolets, et ça me faisait vraiment peur.

Mon père est sorti de sa chambre à ce moment-là, à cause du bruit. Il était en caleçon, torse nu, les cheveux en pétard, pas rasé. Quand il se réveille comme ça, je sais tout de suite où il a passé la soirée. Il sent la cigarette à plein nez et parfois aussi un peu l'alcool, et il a les yeux rougis et gonflés. Il n'avait pas dû aller loin : sûrement au café d'en face, avec ses copains. D'habitude, je lui dis qu'il ressemble à un bandit, et ça nous amuse. Mais là, je suis resté muet. Il m'a regardé, il a regardé les flics, et il m'a dit : « T'inquiète pas, c'est... »

Deux des policiers lui ont barré le passage et coupé la parole. Puis l'un d'eux l'a poussé sans ménagement vers sa chambre.

— T'es André Caraibe ?

Comme mon père hochait la tête pour dire oui, le flic lui a tendu un papier et a ajouté :

— Tu t'habilles et tu viens avec nous, sans faire d'histoires, et vite !

Ils sont entrés tous les trois dans la chambre, et ils ont fermé la porte derrière eux. Je ne comprenais toujours rien, mais je commençais à transpirer et à avoir de plus en plus peur. Pourquoi mon père se laissait-il faire ? Il n'avait qu'à dire que c'était une erreur, et voilà.

Mon cerveau marchait à toute vitesse. Soudain, j'ai pensé que si mon père se laissait faire, c'était peut-être parce que ce n'était pas une erreur.

Et là, c'est comme si j'étais tombé par terre, et que je m'étais cassé en mille morceaux.

Chapitre 2

D'imaginer que mon père avait peut-être fait quelque chose de mal, ça m'a donné envie de vomir. Je me suis précipité vers la salle de bains :

— Où tu vas, le gosse ?

J'ai dit que j'avais mal au cœur. Le policier qui restait m'a suivi, et il a répété :

— T'inquiète pas, on va pas te laisser tout seul. Tu vas être emmené dans un foyer.

J'ai réussi à articuler :

— Un quoi ?

— Dans un foyer d'accueil temporaire. Le temps qu'on trouve une solution. Si t'as une mère quelque part, on te renverra chez elle.

C'était quoi, cette histoire de foyer ? Je ne voulais pas aller chez ma mère. Ni chez personne d'autre. Je ne voulais pas quitter Lucille. Lucille, elle a un an de plus que moi, mais on est dans la même classe. Quand elle était petite, elle a été très malade, elle a passé des mois à l'hôpital, et elle a loupé presque une année scolaire. Maintenant, elle est guérie, et c'est la première de la classe.

Il y a quinze jours, j'ai vu son père pour la première fois. Je ne risque pas d'oublier la date : c'était le jour de mon anniversaire. Ce sont des gens bien, ses parents. Sa mère n'était pas là, mais je sais qu'elle travaille dans une université. Son père est ingénieur. Il m'a lancé :

— Alors, c'est toi, Damien ! Lucille nous parle tout le temps de toi. Ton père est informaticien, c'est cela ?

Il confondait avec le père de Cédric, mais je n'ai pas dit que c'était une erreur, non. J'en ai même rajouté en expliquant que mon père voyageait beaucoup, parce que c'était un spécialiste très recherché dans sa branche. Lucille m'observait avec ses grands yeux clairs. Je ne sais pas pourquoi j'ai menti comme ça. Peut-être à cause de leur maison si bien rangée.

Chez nous, c'est toujours le désordre, avec des fringues qui traînent, et des tas de cannettes de bière que mon père oublie toujours de descendre...

Ma mère disait qu'elle en avait marre de passer son temps à ranger. Ça devait être vrai, puisqu'un jour elle est partie pour de bon. J'ai cru que j'allais être forcé de la suivre. Mais non, elle préférait que je reste avec mon père. Alors tout allait pour le mieux. Enfin, jusque-là...

Le policier qui venait de me parler de foyer transpirait abondamment. Mon père et les deux autres n'étaient toujours pas ressortis de sa chambre.

J'avais le cœur qui battait fort. Je ne sais pas combien de temps je suis resté comme ça, sans bouger. J'étais pétrifié. Dans ma tête, il y avait des millions de questions, et une qui revenait sans cesse : qu'est-ce que mon père avait fait ?

Soudain, le téléphone s'est mis à sonner. J'ai regardé le flic. C'est lui qui a décroché. Il a dit : « Allô ? À qui ? À Damien ? »

Il m'a demandé :

— C'est toi, Damien ?

J'ai dit oui.

Il m'a dit : « C'est de la part d'une de tes copines du collège. »

C'était Lucille.

Mais je ne pouvais rien dire à Lucille. Si elle apprenait, si elle savait...

Elle téléphonait pour me rappeler qu'on avait un contrôle de géographie en troisième heure, et que...

Je lui ai coupé la parole et lui ai dit que je n'en avais rien à faire, et qu'elle me fiche la paix. Puis j'ai raccroché.

— Il ne va pas aller en prison, mon père ?

J'ai dit ça d'un seul coup, et le jeune policier a sursauté, avant de bafouiller quelque chose que je n'ai pas compris.

Chapitre 3

Plus les minutes passaient, plus tout devenait flou dans ma tête. Je n'arrivais même plus à imaginer ce que mon père avait pu faire, et s'il allait aller ou non en prison. C'était tellement énorme que, pour moi, ce n'était pas possible.

Sur la table, il y avait encore des morceaux de pizza de la veille. Dans ma chambre, des vêtements jetés par terre n'importe comment. Toutes les pièces donnent sur l'entrée, et le flic voyait tout ça, et j'ai eu honte. Si j'avais pu, j'aurais tout nettoyé, d'un seul coup. Je savais qu'avec mon père on s'amusait bien et qu'on s'en fichait, mais là, tout devenait horrible. J'ai senti des larmes monter dans mes yeux, et j'avais beau lutter, je ne pouvais pas les arrêter. Alors je me suis mis à pleurer, de rage, les poings serrés dans mes poches, la tête tournée vers le mur.

Enfin, la porte de la chambre de mon père s'est ouverte, et il en est sorti habillé, avec son blouson, et un petit sac en plastique dans une main. Il ne me regardait pas, il regardait ses pieds. Il a juste murmuré :

— N'oublie pas de faire tes devoirs le soir.

« N'oublie pas de faire tes devoirs le soir »...
C'est tout ce qu'il trouvait à me dire !

J'ai pris mon anorak et mon sac pour le collège. On est sortis. Mon père entre deux flics, et moi derrière, avec le troisième.

J'ai pensé : « Pourvu que la voisine du dessous n'ouvre pas sa porte ! »

Et ça n'a pas raté. Elle a ouvert sa porte, elle a détaillé mon père de haut en bas, elle a hoché la tête, et elle a refermé tout doucement. Cette vieille pie raconte tout à tout le monde. Demain, tout l'immeuble sera au courant.

J'avais honte. J'avais honte et j'avais peur. J'ai manqué me casser la figure dans l'escalier. Dehors, une fourgonnette de police nous attendait, avec son gyrophare bleu allumé. Dedans, il y avait deux autres policiers. J'ai dû m'asseoir entre eux. Mon père en face, tête baissée, menotté, refusait de lever les yeux vers moi, comme si je n'existais plus. Ils ont mis la sirène, et nous sommes partis.

Le voyage a duré quelques minutes. Pas plus, j'en suis sûr : le commissariat est à cinq cents mètres de la maison. Mais j'ai eu l'impression que ça durait un siècle.

On est arrivés. On est descendus. Les flics avec mon père devant. Je l'ai vu partir très vite. J'ai voulu lui crier quelque chose, mais je n'ai pas trouvé quoi. Il ne s'est pas retourné.

On m'a fait asseoir dans un petit bureau très propre, avec des chaises bleues. C'est idiot, je me souviens de ça. De la couleur bleue des chaises. Je tremblais des pieds à la tête, et dans ma tête, j'essayais de comprendre ce qui m'arrivait.

Là, une femme est entrée, elle ne portait pas d'uniforme. Elle m'a demandé si je m'appelais bien Damien Caraibe. Puis elle m'a expliqué des choses. Je n'ai rien écouté.

J'entendais une suite de mots : « Ne t'inquiète pas », « foyer pour adolescents de 13 à 17 ans », « collège », « parents », mais je ne les comprenais pas. J'avais l'impression que plus rien ne tournait rond.

Une seule chose m'intéressait : savoir pourquoi on avait emmené mon père.

J'ai voulu poser la question. J'ai ouvert la bouche et... C'est dégoûtant à dire... mais j'ai ouvert la bouche et j'ai vomi mon petit-déjeuner.

La femme s'est levée, elle a posé une main sur mon bras. J'ai entendu encore : « Ne t'inquiète pas... Ne t'inquiète pas. »

Et plus j'entendais ça, plus je m'inquiétais.

Elle a appelé quelqu'un qui est venu nettoyer. Je n'avais jamais eu aussi honte de ma vie.

La femme m'a dit : « Je vais t'accompagner au collège, d'accord ? »

Je crois qu'elle a répété trois fois sa phrase, et j'ai fini par lui répondre « d'accord », d'un signe de tête.

Je suis arrivé au collège très en retard. Le conseiller d'éducation a téléphoné au professeur de français pendant que je montais l'escalier. Le prof n'a rien dit en me voyant, il m'a juste fait signe d'aller m'asseoir. J'ai traversé la classe. Lucille était au premier rang. Je suis sûr qu'elle a tourné la tête pour me suivre des yeux. Je regardais mes pieds, pour ne pas croiser son regard. Comme mon père avec moi ce matin.

Chapitre 4

— Damien, pourquoi tu me parles pas ?
m'a demandé Lucille. Qu'est-ce que t'as ?
Pourquoi t'es arrivé en retard ? Pourquoi
tu m'as envoyé balader ce matin, pourquoi...

J'ai mis mes mains sur ma gorge.

— T'es malade ?

J'ai fait oui de la tête.

— Tu peux plus parler parce que t'es
malade ?

J'ai fait oui de la tête.

— Tu veux que je reste avec toi ?

J'ai fait non de la tête. Et Lucille a eu
un regard triste, mais n'a pas insisté. Je
me suis retrouvé tout seul. Malheureux.

En début d'après-midi, comme je ne parlais toujours pas, on m'a envoyé à l'infirmerie.

Quelqu'un est venu me chercher en voiture. J'ai quitté le collège entre deux cours. Lucille m'a vu partir. J'ai vu son regard. J'ai pensé : « Ne t'inquiète pas… »

Je suis arrivé devant une petite maison. On m'a dit : « C'est le foyer. » On m'a expliqué des choses, aussi. Des horaires, des repas, des papiers… Mais j'avais le cerveau vide. Je crois que je n'arrivais même plus à penser à mon père.

Par moments, je pensais juste à Lucille. Lucille qui me souriait. Lucille que j'avais fait pleurer rien que par mon silence.

Dans la soirée, un type est venu me parler. Il m'a dit qu'il était éducateur, qu'il avait essayé de joindre ma mère, en vain. Il n'y avait personne chez elle. J'ai pensé qu'elle était peut-être partie en vacances, avec son nouveau copain.

Il m'a emmené dans une chambre avec trois lits. Il y avait déjà deux autres garçons, plus vieux que moi, Martin et Thibaud. Quand ils ont vu que je ne parlais pas, ils n'ont pas insisté et m'ont laissé tranquille. C'était mieux comme ça. J'étais tellement épuisé que je me suis endormi d'un seul coup.

Le lendemain, je suis retourné au collège, accompagné par l'éducateur. Je pensais que c'était injuste : je n'allais pas m'échapper. C'était vraiment le monde à l'envers. Je n'avais rien fait de mal, moi ! Mais mon père, lui...

Je me suis mis à le détester, brusquement. Tout ce qui m'arrivait, c'était à cause de lui. C'était peut-être un voleur, un truand... comme dans les films. Armé, qui sait ? Et s'il avait tué des gens ? Mon père, un assassin, et moi, un fils d'un truand, d'un voleur ou d'un assassin.

Je pensais : tant que personne ne sait rien, au collège...

Pour me calmer, j'essayais de me concentrer. Pendant quelques secondes, tout redevenait normal. Je me disais qu'il ne s'était rien passé. Que j'allais rentrer chez moi, après le collège, retrouver mon père devant la télé, et l'entendre dire en rigolant : « Ce soir, pizza ! Et on mange dans le carton... » Et moi : « Ouais, super ! »

Mais là, rien que d'y penser, je trouvais que c'était écœurant, toutes ces pizzas mangées avec les doigts.

Plus les heures passaient, plus je détestais mon père. J'aurais voulu qu'il n'ait jamais existé. Et plus je le détestais, plus je sentais que ça se coinçait dans ma gorge. Je n'arrivais même plus à avaler de nourriture.

Chapitre 5

Ça a duré deux jours, ou trois, je ne sais plus. J'étais comme un zombi. Je ne pensais qu'à mon père, à la haine qu'il m'inspirait. Au collège, je n'écoutais rien. J'ouvrais mes cahiers comme un automate, je changeais de salle de cours, mais je ne voyais rien, même plus Lucille.

Au foyer, Martin et Thibaud respectaient mon silence. Je n'avais pas envie de leur parler.

Et puis un matin, avec l'éducateur qui m'accompagnait au collège, on est passés devant le kiosque à journaux. Et là, j'ai vu. Dans l'hebdomadaire local, dans un coin de ce journal, pas très grande mais pas très petite non plus, il y avait la photo de mon père. Et en dessous : « *Arrestation d'un des auteurs présumés du cambriolage de la société America, en septembre dernier. L'homme a été incarcéré à la prison de...* »

Je n'ai pas compris le mot « présumé ». Ça voulait dire que c'était un voleur ou que c'en était pas un ?

Mais il y avait sa photo. Et ça, je ne pouvais pas le supporter. Je me suis brusquement mis à courir, droit devant moi. L'éducateur a réagi avec un temps de retard et s'est lancé à ma poursuite. Je ne sais pas pourquoi j'ai fait ça. J'ai couru droit vers le fleuve. Je voulais m'y jeter, je voulais en finir. J'ai couru, le plus vite que je pouvais, la photo de mon père sous mes paupières, la haine sur la peau, la peur, aussi, et la honte. La honte imprimée en grosses lettres. C'est sûr, je me serais noyé, parce que je ne sais pas bien nager, et qu'il y a du courant. Si j'avais été tout seul. Mais l'éducateur m'a rattrapé à temps, sur la berge, et m'a pla-

qué sur le gravier. En tombant, je me suis
écorché les genoux.

— Qu'est-ce qui te prend, Damien ?

Je me suis débattu, puis j'ai cédé. Il
m'a aidé à me relever, sans me lâcher.

— On va rentrer au foyer, tu saignes.
Viens.

Quand on est repassés devant le
kiosque à journaux, l'éducateur a vu la
photo de mon père. Il a acheté le journal
et l'a mis dans son sac, sans un mot. Puis
il m'a dit :

— C'est à cause de ça ?

Je n'ai pas répondu. Alors il a juste répété :

— On va rentrer au foyer.

Au foyer, un infirmier a soigné mes
égratignures. J'avais mal, mais je m'en
fichais. En fin d'après-midi, Martin m'a
montré le journal. Je le lui ai arraché des
mains. Il m'a dit :

— Arrête ça tout de suite ! On va pas
se battre.

— Tu peux pas comprendre...

Je m'étais remis à parler, mais j'étais trop en colère pour m'en apercevoir. Martin a continué, sans s'énerver :

— Je peux comprendre, oui, parce que mon père aussi est...

— Je m'en fous, de ton père.

— T'as pas à avoir honte !

Je me suis presque mis à crier :

— J'ai pas honte. Mon père, c'est un salaud, c'est tout ! À cause de lui...

— Merde, écoute-moi deux minutes, Damien ! Moi aussi j'ai pensé ça de mon père, quand...

Martin s'est tu. Il hésitait. Je me suis rapproché de lui. On s'est assis sur un banc. J'avais encore mal au genou. Je me suis calmé.

— Il a fait quoi, ton père ?

— Il adorait conduire vite. Il disait toujours qu'il n'avait peur de rien ni de personne. Mais un soir, en traversant un village, il a renversé une petite fille. Et cette petite fille... elle est...

— Elle est... elle est quoi ?

Martin a avalé sa salive.

— Elle est morte. Mon père roulait trop vite. Et en plus, il avait bu... Il l'a tuée.

— C'est dégueulasse, ton histoire.

Martin a haussé les épaules.

— Oui, mais ça ne sert à rien d'en rajouter.

— C'est-à-dire ?

— Quand j'ai appris ça, j'ai fait comme toi. Des conneries. Je ne supportais pas d'être le fils d'un assassin de la route. Ma mère ne vivait plus avec nous, et je me suis retrouvé ici, en foyer. J'avais envie de tout foutre en l'air, d'arrêter mes études, j'en voulais à tout le monde. Et puis après, j'ai compris.

— Compris quoi ?

— Que les histoires des adultes, ça ne nous regarde pas. Ce ne sont pas nos affaires. Ils font des choses, bien ou pas bien, mais on n'est pas responsable de ce qu'ils font, eux. Chacun peut faire des choses mauvaises dans sa vie. Mais est-ce que c'est une raison pour ne plus aimer les gens ? Tu vois, je me suis dit : Si mon père a fait du mal, c'est pas mon histoire, c'est la sienne. Je n'ai pas à le juger. Mais moi, je peux faire quelque chose de bien de ma vie. Et mon père, ça reste mon père.

— Mon père à moi, je le déteste...

— Quand tu dis ça, c'est à toi que tu fais du mal.

— Je n'arriverai pas à retourner au collège.

— Mais si, bien sûr. T'as pas d'amis là-bas ? Des gens sur qui tu peux compter ?

J'ai fermé les yeux. J'ai pensé à Lucille.

Chapitre 6

Ce matin, l'éducateur a pris sa voiture pour m'emmener au collège. Il m'a dit qu'il fallait que j'affronte la réalité. Comme si c'était facile !

Lorsqu'on est arrivés, j'ai été envahi par une peur panique. Mais Lucille était là, qui m'attendait.

Je n'ai même pas eu le temps de faire un pas dans la cour. Elle m'a barré la route, m'a pris par le bras, très sûre d'elle, et murmuré à toute vitesse :

— J'ai vu le journal, hier. Je me suis inquiétée de ton absence. Faut qu'on parle. Faut pas que les autres nous voient. Viens !

Elle m'a entraîné dans un couloir. On s'est mis à courir tous les deux. Je ne savais pas où on allait. Lucille ne me lâchait pas, et je trouvais que c'était bon.

On est allés près des cuisines, derrière le préau. Le matin, il n'y a jamais personne à cet endroit-là.

Mais je ne pouvais pas regarder Lucille en face. J'avais trop honte.

— Damien, Damien... Écoute-moi !

Comme j'avais la tête baissée, elle ne pouvait pas savoir. Alors elle m'a lâché et a relevé ma tête. Je me suis laissé faire. Elle a plongé ses yeux dans les miens. Elle a répété, très doucement :

— Damien, je t'en supplie.

J'ai vu ses yeux inquiets. J'ai repensé à l'arrestation de mon père.

J'ai fait un signe de la tête pour lui dire que je l'écoutais.

Lucille est soudain devenue très sérieuse.

— Damien, je sais que t'as mal... Mais d'abord, ton père, il n'a peut-être rien fait. « Présumé », ça veut dire qu'on n'est pas sûr.

J'ai réussi à prononcer un « non » d'une voix éraillée.

— Toi, tu n'as rien à te reprocher. Il faut garder la tête haute. Toujours.

Elle tremblait un peu. Elle a murmuré très vite :

— Et puis moi, je m'en fiche, de ton père. C'est toi mon ami, pas lui...

J'étais ému. Ce que disait Lucille, ça tournait dans mon esprit. Je savais qu'elle avait raison, que Martin avait raison, que l'éducateur avait raison... Mais je ne pouvais pas accepter que...

Et soudain, je ne sais pas pourquoi, j'ai eu envie de le voir, mon père, de le serrer dans mes bras. Puis j'ai repensé à sa photo dans le journal, et tout s'est aussitôt écroulé. J'ai imaginé les élèves de la classe, là-haut...

La cloche du début des cours s'est mise à sonner. Nous n'avons pas bougé d'un millimètre.

Lucille semblait réfléchir, puis elle m'a brusquement demandé :

— Où t'as dormi, cette nuit et les nuits d'avant ?

J'ai bien été obligé de lui parler du foyer, lui dire que si ma mère acceptait de me reprendre, je devrais quitter le collège, et même la région...

Lucille m'a demandé :

— Et toi ? Tu veux quoi ?

J'ai haussé les épaules.

— Dans un premier temps, tu pourrais peut-être passer le week-end chez nous, à la maison ?

— Mais, j'ai menti à ton père, Lucille.

— Oh, mais ça fait longtemps que je lui ai dit qu'il avait confondu ton père et celui de Cédric, et que t'avais pas osé le contredire.

Je me suis crispé :

— Et tu lui as dit quoi, sur mon père ?

— Qu'il devait être au chômage, ou quelque chose comme ça. Et que ta mère s'était barrée, et que vous étiez tous les deux tout seuls.

Devant mon air surpris, Lucille a ajouté :

— Damien, qu'est-ce que t'imagines ? Tout le monde se connaît plus ou moins, dans cette ville. On ne peut jamais rien cacher très longtemps...

Lucille s'est penchée vers moi. Ses cheveux ont frôlé mon visage.

— Et puis, moi, je ne veux pas que tu t'en ailles... Alors il va falloir se battre pour trouver une solution.

La cloche avait cessé de sonner depuis un moment. Lucille m'a regardé. Elle semblait avoir deviné mes pensées.

— Il faut qu'on aille en cours. On va vraiment être en retard.

Je n'ai pas osé lui dire que j'étais tétanisé par la peur. Elle a compris toute seule. Elle a pris ma main.

On a traversé le préau. On a monté l'escalier. On était dans le couloir quand on a entendu un surveillant crier :

— Hep, vous là-bas, vous n'avez pas...

On a fait comme si on ne l'avait pas vu. Mon cœur battait à tout rompre. On a frappé à la salle de cours et le prof a dit : « Entrez ! »

Et on est entrés, la tête haute.

***

Cathy Ytak est née le 16 juin 1962, dans la banlieue de Paris.

Elle commence à travailler à l'âge de 18 ans et exerce de nombreux petits métiers : des ménages, des gardes d'enfants, du tri dans des centres postaux, etc. Puis elle travaille sept ans dans un magasin de photo.

Dans le même temps, elle commence à animer des émissions de radio, dans plusieurs radios alternatives. Elle devient ensuite journaliste professionnelle et écrit dans des magazines culturels. Elle travaille également pendant deux ans dans une maison d'édition.

Passionnée par la Catalogne, elle choisit de devenir traductrice de catalan, et reprend des études pour y parvenir, à Paris, puis à Barcelone.

En 2000, elle publie son premier roman pour adolescents/jeunes adultes : « Place au soleil ».

Son roman « Les Murs bleus » a reçu « Le prix des lycéens allemands 2008 ».

Cathy Ytak partage son temps entre l'écriture de romans jeunesse et la traduction. Elle vit aujourd'hui principalement en Bretagne, près de la mer.

On peut la retrouver sur son site internet : *http://www.cathy-ytak.net*

Vocabulaire

A

abondamment stark, üppig

l'**absence** *f.* die Abwesenheit

accompagner begleiten

l'**accueil** *m.* **temporaire** der befristete Aufenthalt

affronter la réalité sich der Wirklichkeit stellen

s'**agir de** sich handeln um

que tu t'en **ailles** dass du weggehst

l'**air** *m.* die Miene, der Ausdruck

(s') **apercevoir** bemerken

armé/e bewaffnet

arracher reißen

l'**arrestation** *f.* die Verhaftung

arrêter aufhören; aufhalten

ce qui m'**arrivait** was mir passierte

arriver à schaffen

l'**assassin** *m.* der Mörder

s'**asseoir** sich (hin-)setzen

aussitôt sofort

l'**auteur** *m.* der Täter

avaler herunterschlucken

B

bafouiller stammeln

baissé/e gesenkt

barrer versperren

se **barrer** abhauen

(se) **battre** (sich) schlagen; sich einsetzen

la **berge** das Ufer

le **bol** die Trinkschale
bouger sich bewegen
bousculer (um-)stoßen,
    rempeln
le **bout** das Ende
la **branche** der
    (Berufs-)Zweig
le **bruit** der Lärm
brusquement plötzlich,
    auf einmal

C

le **caleçon** die Unterhose
(se) **calmer** (sich)
    beruhigen
le **cambriolage** der
    Einbruch
la **cannette** die Getränke-
    dose
se **casser** zerbrechen
céder nachgeben
celui de den von
à **cent à l'heure** rasend
    schnell
le **cerveau** das Gehirn
sans **cesse** immer wieder

cesser aufhören
chacun/e jede/r
les **clés** f. pl. die Schlüssel
la **cloche** die Glocke
avoir mal au **cœur** übel
    sein
cogner pochen, klopfen
le **coin** die Ecke
se **coincer** sich zusam-
    menschnüren
être en **colère** wütend
    sein
conduire fahren
confondre verwechseln
la **connerie** die Dumm-
    heit
le **conseiller**
    d'éducation *päda-*
    gogischer Mitarbeiter an
    einer französischen
    Schule, der u. a. für die
    Beratung von Schülern,
    für Konfliktsituationen
    und Disziplinarfragen
    zuständig ist

contredire widersprechen

le **couloir** der Gang

d'un seul **coup** mit einem Mal, auf der Stelle, sofort

couper la parole das Wort abschneiden

être au **courant** auf dem Laufenden sein

le **courant** die Strömung

se **crisper** sich verkrampfen, sich zusammenziehen

croiser kreuzen

D

se **débattre** sich wehren, um sich schlagen

décrocher (den Hörer) abnehmen

dégainer (le pistolet) (die Pistole) ziehen

dégoûtant/e ekelerregend

dégueulasse widerlich, furchtbar

descendre zum Müll bringen

le **dessous** das Stockwerk darunter

en **dessous** darunter

détailler mustern, anschauen

deviner (er-)raten

le **doigt** der Finger

donner sur gehen auf

doucement leise, sanft

droit geradeaus, geradewegs, direkt

E

s'**échapper** weglaufen

écœurant/e widerlich

s'**écorcher** sich aufschürfen

s'**écrouler** zusammenbrechen

l'**éducateur** *m.* der Erzieher

l'**égratignure** *f.* der Krat-
zer, die Schürfwunde

embarquer mitnehmen

emmener mitnehmen

ému/e gerührt

l'**endroit** *m.* der Ort

entraîner mit sich
nehmen, ziehen

être **envahi/e par** erfasst
werden von

le monde à l'**envers**
die verkehrte Welt

envoyer balader
abwimmeln

épuisé/e erschöpft

éraillé/e rau, heiser

l'**erreur** *f.* der Irrtum

l'**escalier** *m.* das
Treppenhaus, die
Treppe

F

regarder en **face**
ins Gesicht sehen

faillir tomber beinahe
hinfallen

falloir müssen

ficher la paix in Frieden
lassen

se **ficher de** auf etwas
pfeifen

se casser la **figure**
hinfallen

finir par endlich

le **flic** der Bulle, der Poli-
zist

flou/e verschwommen,
unklar

forcer zwingen

la **fourgonnette** der
Mannschaftswagen

Je m'en **fous.** Das ist mir
piepegal.

foutre en l'air
hinschmeißen

le **foyer** das Heim

frapper klopfen

les **fringues** *f. pl.* die
Klamotten

frôler berühren, streifen

G

le **genou** das Knie
gonflé/e geschwollen
la **gorge** der Hals
le **gosse** das Kind
le **gravier** die Kiesel
guérir heilen
le **gyrophare** das Blau-
  licht

H

hausser les épaules *f. pl.*
  mit den Schultern
  zucken
l'**hebdomadaire** *m.* die
  Wochenzeitung
hésiter zögern
hocher la tête nicken
la **honte** die Scham
les **horaires** *f. pl.*
  die Essens- und
  Schlafenszeiten

I

n'**importe comment**
  irgendwie

imprimer aufdrucken
incarcérer inhaftieren
l'**infirmerie** *f.* die Erste-
  Hilfe-Station
l'**infirmier** *m.* der
  Krankenpfleger
injuste ungerecht
inquiet/inquiète ängst-
  lich, unruhig
s'**inquiéter** sich beun-
  ruhigen
insister beharren, darauf
  bestehen
inspirer auslösen

J

jeter (hin-)werfen
se **jeter** sich hinein-
  stürzen
joindre kontaktieren,
  erreichen
juger beurteilen
juste nur

L

lâcher loslassen
se **lancer** losstürzen,
    losrennen
la **larme** die Träne
le **lendemain** der
    folgende Tag
en grosses **lettres** in
    fetten Buchstaben
loin weit
lorsque als
louper verpassen
(avoir beau) **lutter**
    (vergeblich) kämpfen

M

manquer faire
    beinahe tun
en avoir **marre** die Nase
    voll haben
sans **ménagement** brutal
menotté/e in Hand-
    schellen
mentir lügen
Merde ! Scheiße!
se **mettre à** anfangen

les **miens** meine
en **mille morceaux** in
    tausend Stücke
par **moments** gelegent-
    lich
muet/muette stumm
murmurer murmeln

N

nettoyer sauber machen
(ni...) ni (weder ...) noch
se **noyer** ertrinken
nu/e nackt

O

être **obligé/e** müssen

P

de la **part** von, seitens
le **pas** der Schritt
pas plus nicht länger,
    nicht mehr
la **paupière** das Augenlid
la **peau** die Haut
se **pencher** sich neigen,
    sich beugen

en **pétard** zerzaust
pétrifié/e versteinert
la **pie** die geschwätzige
    Person
plaquer mit Wucht
    hinwerfen
à **plein nez** sehr stark
pleurer weinen
plonger les yeux den
    Blick versenken
plus...plus je mehr ...
    desto mehr
les **poings serrés** mit
    geballten Fäusten
pour de bon wirklich,
    tatsächlich
la **poursuite** die Verfol-
    gung
pourvu que hoffentlich,
    wenn doch nur
pousser schieben,
    stoßen
le **préau** der überdachte
    Teil des Schulhofs
se **précipiter** (hinein-)
    stürzen

présumé/e mutmaßlich
propre sauber
puisque weil

Q
quelque part irgendwo

R
raccrocher (den Hörer)
    auflegen
la **rage** die Wut
la **raison** der Grund
en **rajouter** noch etwas
    oben draufsetzen,
    übertreiben
le **rang** die (Sitz-)Reihe
rappeler erinnern;
    zurückrufen
se **rapprocher** zugehen
    auf, sich nähern
rater fehlschlagen
rattraper einholen
recherché/e gesucht,
    gefragt
refuser sich weigern

Ça ne nous **regarde pas.** Das geht uns nichts an.

relever wieder anheben

se **relever** wieder aufstehen

se **remettre** wieder tun

renverser überfahren

renvoyer zurückschicken

repasser wieder vorbei-kommen

reprendre wieder bei sich aufnehmen

se **reprocher** sich vorwerfen

ressembler ähneln

ressortir wieder heraus-kommen

réussir schaffen, gelin-gen

le **réveil** der Wecker

se **réveiller** aufwachen

rien que par/de alleine durch

rigoler Spaß machen

à tout **rompre** zum Zerspringen

rougi/e gerötet

S

saigner bluten

le **salaud** der Dreckskerl

la **salive** der Speichel

sembler scheinen

sentir fühlen; riechen

serrer dans les bras in die Arme schließen

la **sienne** seine

le **signe** das Zeichen

la **société** die Firma

soigner pflegen, behan-deln

la **soirée** der Abend

la **sonnette** die Klingel

soudain plötzlich

sourire lächeln

se **souvenir** sich erinnern

la **suite** die (Ab-)Folge

supplier bitten, anflehen

supporter ertragen, aushalten

sursauter aufspringen

le **surveillant** *Aufsichtsperson in einer französischen Schule*

T

tant que solange wie

la **tartine** die Brotscheibe, das bestrichene Brot

le **tas** der Haufen

tellement so

à **temps** rechtzeitig

tendre reichen, hinhalten

tétanisé/e erstarrt

torse nu mit bloßem Oberkörper

(se) **tourner** (sich) drehen

traîner herumliegen

traiter behandeln

laisser **tranquille** in Ruhe lassen

transpirer schwitzen

traverser durch-/überqueren

trembler zittern

le **trousseau (de clés)** der Schlüsselbund

le **truand** der Ganove

il s'est **tu** er hat geschwiegen

tuer töten

V

en vain vergeblich

la **veille** der Vortag

à toute **vitesse** blitzschnell, auf Hochtouren

la **voix grave** die tiefe Stimme

le **voleur** der Dieb

vomir sich übergeben

en **vouloir à** wütend sein auf, sauer sein auf

Nouvelle Bibliothèque Junior

Cathy Ytak · **Le monde à l'envers**

Herausgeber	Thilo Karger, Klaus Mengler
Vokabelannotationen	Thilo Karger, Klaus Mengler
Verlagsredaktion	Corinna Martin-Werner
Gesamtgestaltung und technische Umsetzung	Buchgestaltung +, Berlin
Umschlagfoto	fotolia/Olivier Mourot

www.cornelsen.de

1. Auflage, 3. Druck 2024

Alle Drucke dieser Auflage sind inhaltlich unverändert
und können im Unterricht nebeneinander verwendet werden.

Druck: H. Heenemann, Berlin

ISBN 978-3-06-121549-1